团 体 标 准

高速公路广告设施设置技术要求

Technical Requirements for Billboards of Expressway

T/CHTS 20004—2018

主编单位:中国公路学会
发布单位:中国公路学会
实施日期:2018 年 09 月 10 日

图书在版编目(CIP)数据

高速公路广告设施设置技术要求：T/CHTS 20004——2018 / 中国公路学会主编. —北京：人民交通出版社股份有限公司，2018.9

ISBN 978-7-114-15024-1

Ⅰ.①高… Ⅱ.①中… Ⅲ.①高速公路—户外广告—服务设施—安全管理—技术规范—中国 Ⅳ.①U491.8-65

中国版本图书馆 CIP 数据核字(2018)第 222052 号

标准类型：团体标准
标准名称：高速公路广告设施设置技术要求
标准编号：T/CHTS 20004—2018
主编单位：中国公路学会
责任编辑：郭红蕊　韩亚楠
责任校对：尹　静
责任印制：张　凯
出版发行：人民交通出版社股份有限公司
地　　址：(100011)北京市朝阳区安定门外外馆斜街 3 号
网　　址：http://www.ccpress.com.cn
销售电话：(010)59757973
总 经 销：人民交通出版社股份有限公司发行部
经　　销：各地新华书店
印　　刷：北京市密东印刷有限公司
开　　本：880×1230　1/16
印　　张：1.25
字　　数：20 千
版　　次：2018 年 9 月　第 1 版
印　　次：2018 年 9 月　第 1 次印刷
书　　号：ISBN 978-7-114-15024-1
定　　价：200.00 元

(有印刷、装订质量问题的图书由本公司负责调换)

中国公路学会文件

公学字〔2018〕112号

中国公路学会关于发布
《高速公路广告设施设置技术要求》的公告

现发布中国公路学会标准《高速公路广告设施设置技术要求》（T/CHTS 20004—2018），自2018年9月10日起实施。

《高速公路广告设施设置技术要求》（T/CHTS 20004—2018）的版权和解释权归中国公路学会所有。

中国公路学会
2018年9月9日

前　言

为规范高速公路广告设施的设置，加强高速公路广告设施设置的管理，科学合理利用高速公路广告资源，确保高速公路广告设施设置更加安全、美观、有序，制定本标准。

科学合理设置高速公路广告设施将有利于促进路域资源充分利用，推动和促进区域经济发展。本标准符合国家有关广告设施管理、设计的法律、法规及相关规范要求，充分体现各地特色，兼顾社会效益与经济效益。

本标准按照《中国公路学会标准编写规则》(T/CHTS 10001)编制。

本标准实施过程中，请将发现的问题和意见、建议反馈至中国公路学会(地址：北京市朝阳区安华西里3区；联系电话：010-64975607；电子邮箱：451439741@qq.com)，供修订时参考。

本标准由中国公路学会提出并解释。

主编单位：中国公路学会

参编单位：安徽高速传媒有限公司

主要起草人：巨荣云、高进、祝捷、郭亮、陈晖、段生炜、邵鹏、郑毅强、张俊龙

主要审查人：王晓曼、唐铮铮、刘文杰、刘纯、陈广华、张柱庭、徐波、李晖、李伟东、孙前

T/CHTS 20004—2018

目　次

1 范围 ··· 1
2 规范性引用文件 ··· 2
3 术语 ··· 3
4 设置要求 ·· 4
　4.1 一般规定 ··· 4
　4.2 普通柱式结构广告设施设置要求 ··· 4
　4.3 高立柱结构广告设施设置要求 ··· 4
　4.4 跨路式结构广告设施设置要求 ··· 4
　4.5 收费顶棚式结构广告设施设置要求 ··· 5
　4.6 落地式结构广告设施设置要求 ··· 5
　4.7 附着式结构广告设施设置要求 ··· 5
　4.8 LED广告设施设置要求 ·· 5
5 设计与施工 ··· 6
　5.1 设计 ··· 6
　5.2 施工 ··· 6
6 维护与检测 ··· 8
　6.1 维护 ··· 8
　6.2 检测 ··· 8
用词说明 ·· 10

高速公路广告设施设置技术要求

1 范围

本标准规定了高速公路广告设施的设置技术要求。

本标准适用于高速公路沿线广告设施的设置。

2 规范性引用文件

凡是注日期的引用文件,仅所注日期的版本适用于本标准。凡是不注日期的引用文件,其最新版本适用于本标准。

GB 5768	道路交通标志和标线
GB/T 18226	公路交通工程钢构件防腐技术条件
GB/T 31832—2015	LED城市道路照明应用技术要求
GB 50011	建筑抗震设计规范
GB 50057	建筑物防雷设计规范
GB 50135	高耸结构设计规范
GB 50205	钢结构工程施工质量验收规范
GB 50661—2011	钢结构焊接规范
CJJ 45—2015	城市道路照明设计标准
JTG/T F50—2011	公路桥涵施工技术规范
JTG F71	公路交通安全设施施工技术规范
JTG F80/2	公路工程质量检验评定标准 第二分册 机电工程
JTG H30—2015	公路养护安全作业规程

3 术语

3.0.1 高速公路广告设施　billboard of expressway

在高速公路上及其两侧,依法设立承载广告内容的相关设施。商品经营者或者服务提供者通过该设施直接或者间接向高速公路使用者介绍自己所推销的商品或者服务的商业广告活动或公益活动。

3.0.2 广告牌净高　billboard ground clearance

标志板下缘距高速公路路面设计高程的垂直距离。

3.0.3 普通柱式结构广告设施　ordinary column structure billboard

用单、双立柱或者多立柱支撑方式支撑面积较小的广告设施板的支撑结构。

3.0.4 高立柱结构广告设施　unipole billboard

用单、双立柱或者多立柱支撑,广告牌面积大于 $20m^2$,净高在 8m 以上的广告设施。

3.0.5 跨路式结构广告设施　road gantry billboard

用单、双立柱或者多立柱支撑的横跨高速公路的广告设施板支撑结构,包括但不限于跨桥式结构、跨路龙门式结构。由面板结构、立柱和基础组成。

3.0.6 收费顶棚式结构广告设施　toll gantry billboard(integrated toll-station type)

利用收费大棚设置的广告设施。

3.0.7 落地式结构广告设施　floor hoarding billboard

广告牌面距离地面较近的广告设施。

3.0.8 附着式结构广告设施　adhering outdoor billboard

固定于建筑物、构筑物及路侧边坡等的广告设施,包括墙面、收费站、边沟、混凝土防护边坡、挡墙、收费站车道起落杆等。

3.0.9 LED 广告设施　LED billboard

采用 LED 显示箱的广告设施。

4 设置要求

4.1 一般规定

4.1.1 总体应符合下列要求：

1 高速公路广告设施设置，不应影响高速公路通行安全，应与周围环境相协调，应便于管理和维护。

2 高速公路广告设施应设置在高速公路用地范围内。

3 高速公路广告设施滴水线应位于高速公路硬路肩外侧，其任何部分不得进入高速公路路面以内。

4.1.2 在以下路段和位置，不得设置广告设施：

1 交通安全设施上。

2 公路两侧照明灯杆。

3 高速公路禁令、指示、警告、指路标志纵向间距前100m范围内。

4 相关规定中不得设置附属物的公路结构物。

4.1.3 在以下路段和位置，不得设置高立柱结构广告设施：

1 以高立柱结构广告设施总高度的1.5倍为半径的区域内有35kV以上高压导线的地方。

2 基础施工造成边坡不稳的路段。

4.2 普通柱式结构广告设施设置要求

4.2.1 普通柱式结构广告设施其结构任何部分的滴水线不超过硬路肩外边缘。

4.2.2 普通柱式结构广告设施设置于前后两块交通标志之间时，沿行车方向与第一块标志的距离应大于100m，且不遮挡第二块标志。

4.3 高立柱结构广告设施设置要求

4.3.1 高立柱结构广告设施任何部分的滴水线不应超过硬路肩外边缘。

4.3.2 高立柱结构广告设施设置于高速公路主线时，单侧纵向间距不宜小于500m，在丘陵地区和树木严重遮挡路段不得小于300m。在互通区立交、服务区、收费广场等区域不采用单侧纵间距限制，采取总量控制原则，服务区、主线收费站不宜超过4块，收费站互通区不超过6块，一般普通立交不宜超过8块，枢纽立交区不宜超过12块，省会城市周边可增加2块。

4.4 跨路式结构广告设施设置要求

4.4.1 本部分适用于跨路龙门式结构广告设施设置。

4.4.2 跨路式结构广告设施的设置不得影响高速公路沿线公路标志的视认。

4.4.3 跨路式结构广告设施的基础应位于路肩外侧或中央分隔带内，其基础不得进入公路路面以内。

4.4.4 跨路式结构广告设施周围应设置混凝土包封等安全防护。

4.4.5 跨路式结构广告设施的净高不应低于设置位置的通行路段的设计净高。

4.4.6 应适当控制跨路式结构广告设施的版面尺寸。

4.5 收费顶棚式结构广告设施设置要求

4.5.1 收费顶棚式结构广告设施的基础和架体结构应符合相应地区的风载等安全设置规范。

4.5.2 收费顶棚式结构广告设施的设置，不得影响信号灯、可变信息标志、ETC车道指示标志的正常使用。

4.5.3 收费顶棚式结构广告设施的版面尺寸应根据收费大棚的规模大小确定，也可根据需要，与收费大棚建成一体式结构。

4.6 落地式结构广告设施设置要求

4.6.1 落地式结构广告设施一般设置于服务区、收费广场。

4.6.2 落地式结构广告设施设置时，其结构任何部分的滴水线不应超过硬路肩外边缘。

4.7 附着式结构广告设施设置要求

4.7.1 附着式结构广告设施的设置不得影响附着物的主结构安全及正常使用，广告设施与附着物之间的连接应安全、可靠。

4.7.2 附着式结构广告设施的设置不得低于通行路段的设计净高。

4.7.3 附着式结构广告设施的设置应遵循协调、美观的原则，应适当控制附着式结构广告设施的版面尺寸，不应大于附着物的宽度。

4.8 LED广告设施设置要求

4.8.1 LED广告设施宜设置于收费站、服务区等区域。

4.8.2 LED亮度应符合国家相关规定，灯具应符合安全可靠、技术先进、经济合理、节能环保和维修方便的要求。

4.8.3 LED灯具宜根据灯具性能及使用条件进行经济技术分析。

4.8.4 使用LED灯具的道路照明评价指标应符合CJJ 45—2015的规定。

4.8.5 LED灯具的控制装置应便于现场变更和维修，光源宜便于更换。

4.8.6 LED模块用直流或交流电子控制装置应符合国家3C认证的规定。

4.8.7 LED灯具应能在−40℃～50℃环境温度内正常工作，特殊场所应满足具体使用场所的环境温度、湿度及腐蚀性等其他要求。

5 设计与施工

5.1 设计

5.1.1 高速公路广告设施宜选择相应资质的设计单位进行设计。

5.1.2 高速公路广告设施的基础选型,应根据建设场地地质条件和结构要求确定。基础根据地质条件宜采用扩大基础,如不能满足广告设施对地基承载力和变形要求时,可进行地基处理或采用桩基础。

5.1.3 高速公路广告设施应做好防攀爬、防盗等相关安全防护设计。

5.1.4 高速公路广告设施的基础应避开地下管线,其间距必须满足有关管线安全距离的规定。

5.1.5 高速公路广告设施的电力设计应符合相关规范要求。

5.1.6 设置在抗震设防烈度为7~9度地区的广告设施应进行抗震设计,地震作用的计算应符合GB 50011的规定。

5.1.7 高速公路广告设施的防雷设计应符合GB 50057的相关规定。

5.1.8 照明光源应选用体积小、重量轻、造型优美、防腐蚀、耐候性好的灯具,灯具应采取防雨、防尘措施。

5.2 施工

5.2.1 高速公路广告设施宜选择相应资质的施工单位进行施工。

5.2.2 高速公路广告设施的施工应符合GB 50135、GB 50205、GB 5768等相关标准、规范对于标志施工的各项规定,符合设计文件的要求,并符合结构安全、用电安全等方面国家及行业相关规定。

5.2.3 广告设施施工前应具备下列条件:

1 设计文件齐备。

2 构件齐全,质量合格,选用的材料应具有产品质量保证书。

3 施工组织设计及施工方案齐全、合理。

4 施工场地符合施工组织设计要求。

5 水、电、道路能满足需要并能保证连续施工。

5.2.4 广告设施的基础施工应满足下列条件:

1 设置位置及基础尺寸满足设计要求。

2 基础的地基承载力符合设计文件的要求。

3 基础的施工应符合JTG/T F50—2011的规定。

4 基础混凝土强度应满足设计要求,应尽量采用商品混凝土,减少现场拌制。

5 在不具备机械桩基施工条件的情况下,使用人工挖孔桩时,应做好施工现场管理及安全管理工作。

5.2.5 广告设施的制作安装应满足以下条件：

1 特种作业人员应取得相应从业资格证书。

2 按照GB 50661—2011的相关规定进行焊接作业。

3 广告设施的焊接、紧固件连接、钢零件及钢构件加工工程应符合GB 50205的规定。

4 高速公路广告设施构件的装卸、运输、安装过程，应严格按照相关行业规定执行。

5 广告设施安装作业时，安全措施及交通标志应按JTG H30—2015布置。

5.2.6 高速公路广告设施的照明和用电设施应符合JTG F80/2的规定，灯具、电线、电器应符合露天安装工程的技术规范。

6 维护与检测

6.1 维护

6.1.1 高速公路广告设施权属单位应当对广告设施定期检查和维护。

6.1.2 日常维护应满足下列要求：

1 高速公路广告设施的全面巡查至少每半年进行1次，应及时排除安全隐患。

2 应保持广告设施板面的整洁、完好，及时更新、维护和保养。

3 照明灯具、供电、电器控制设备应每季度维护1次。

6.1.3 特殊季节维护应满足下列要求：

1 在大风频发季节前，应对钢结构进行检查和维护，重点是结构强度和刚度、结构节点、连接焊缝、螺栓和地脚螺栓。

2 大风季节应对广告设施板面连接牢固程度进行检修和加固处理，尤其是广告设施板的螺钉（包括铆钉）及材料的风化、锈蚀程度。对薄膜结构的画布应对其牢固度、风化、老化程度进行检修和加固，钢绳的绑扎要牢固可靠。

3 大风雷雨季节和梅雨季节，应检查避雷设施和电器安全保险设置，保证正常安全使用。

6.1.4 高速公路广告设施的钢结构防腐处理，采用热镀锌作为基本防腐处理，表面处理可采用油漆、喷塑等工艺技术，应符合 JTG F71 和 GB/T 18226 中的相关规定。

6.2 检测

6.2.1 高速公路广告设施设置6年以后，应委托具有资质的检测单位进行检测，检测后应出具相应的检测报告，合格后可继续使用；以后每2年检测一次，检测合格后应出具相应的检测报告。对检测不合格的广告设施要及时进行整改维修。对存在较大安全隐患的广告设施应立即维修、加固或拆除。

6.2.2 如遇山体滑坡、地质灾害等特殊情况，应及时检测。

6.2.3 检测内容应包括下列项目：

1 钢结构防腐和节点连接外观检测。

2 地脚螺栓和基础安全检测。

3 电器和避雷接地系统的安全。

4 钢结构强度、刚度、稳定性验算。

5 基础沉降。

6 基础与立柱连接地脚螺栓。

7 立柱竖直度，立柱与箱体、箱体与箱体拼接螺栓。

8 板面锚固。

9 基础、立柱、箱体外观质量。
10 混凝土强度及碳化深度。
11 结构锈蚀程度及防腐涂层厚度。
12 焊缝缺陷。
13 周围环境变化。

用 词 说 明

1 本标准执行严格程度的用词,采用下列写法:
 1) 表示严格,在正常情况下均应这样做的用词,正面词采用"应",反面词采用"不应"或"不得"。
 2) 表示允许稍有选择,在条件许可时首先应这样做的用词,正面词采用"宜",反面词采用"不宜"。
 3) 表示有选择,在一定条件下可以这样做的用词,采用"可"。
2 引用标准的用语采用下列写法:
 1) 在标准条文及其他规定中,当引用的标准为国家标准或行业标准时,应表述为"应符合×××××的有关规定"。(×××××为标准编号)
 2) 当引用标准中的其他规定时,应表述为"应符合本标准第×章的有关规定""应符合本标准第×.×节的有关规定""应按本标准第×.×.×条的有关规定执行"。